BEAUX-ARTS

LES ARTISTES NORMANDS

AU

SALON DE 1866

PAR

ALFRED DARCEL

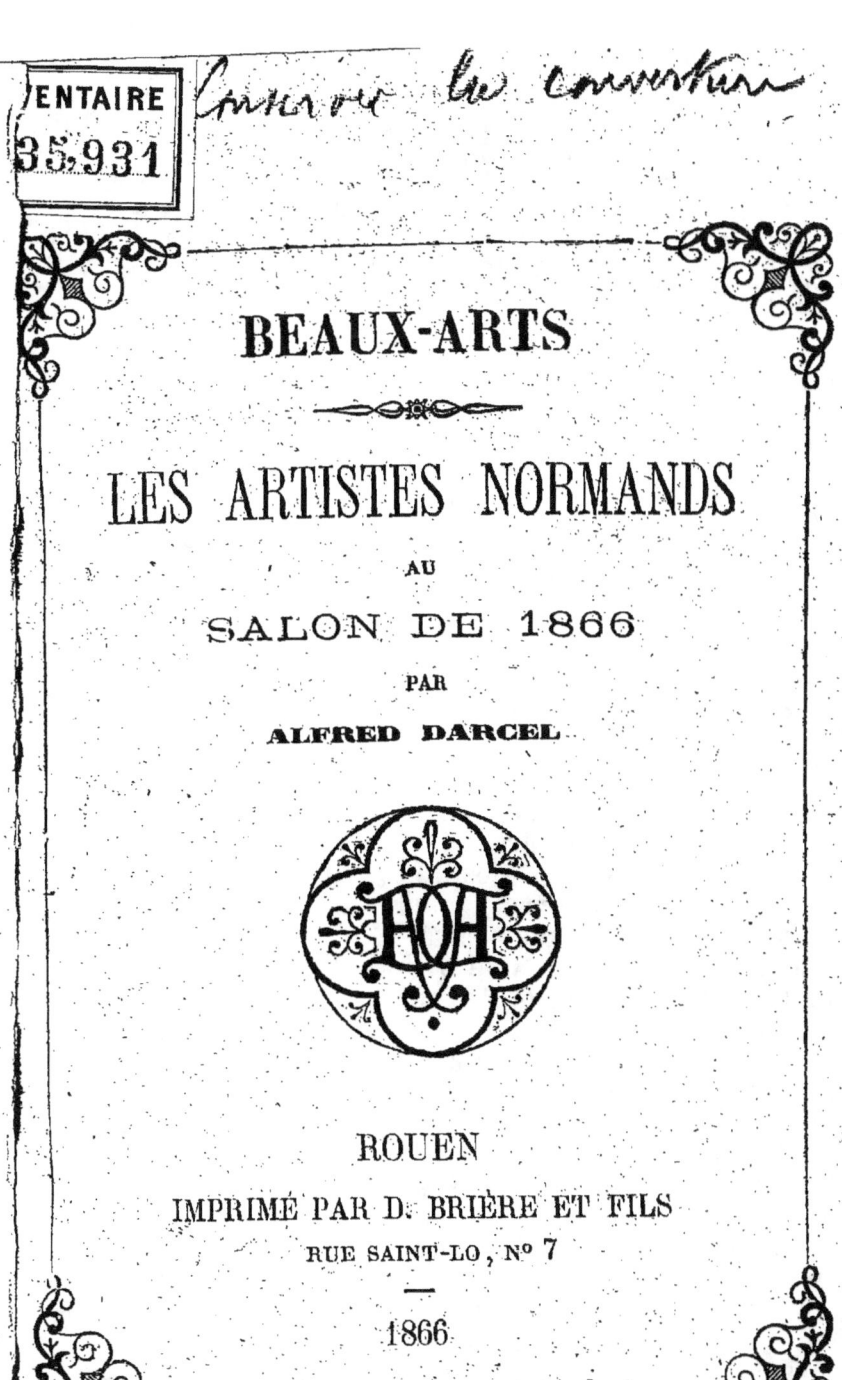

ROUEN

IMPRIMÉ PAR D. BRIÈRE ET FILS

RUE SAINT-LO, N° 7

—

1866

BEAUX-ARTS.

LES ARTISTES NORMANDS

AU

SALON DE 1866.

Peinture.

Aucune œuvre saillante ne sera à noter parmi celles que nous nous proposons d'examiner ici, et, à cet égard, l'exposition des artistes normands est un exact reflet du Salon. Les uns se sont abstenus, les autres ont fait fausse route, si bien que c'est d'un ensemble assez terne que nous avons à nous occuper.

M. A. Aillaud, de Rouen, en envoyant le portrait du maréchal duc de Magenta, n'a guère désiré autre chose que de ne point se laisser oublier. Dans ce portrait, de petites proportions, le gouverneur général de l'Algérie est représenté sur un cheval bai, s'avançant de face au sortir d'une étroite gorge de rochers, suivi de son aide-de-camp, monté sur un cheval noir. Le soleil tombant d'aplomb sur les deux cavaliers dessine des ombres dont les contours ne sont point assez étudiés peut-être. Nous rappellerons à M. A. Aillaud la *Bataille de Solférino*, de M. Meissonier, où ce détail était d'un dessin si exact, malgré les proportions exiguës des modèles, que ce simple contour de l'ombre portée suffisait à modeler les figures et à leur donner le relief et l'accent nécessaires pour la ressemblance.

Grâce à cette recherche, se combinant avec un peu plus de fermeté dans le modelé, le portrait du maréchal de Mac-Mahon serait une œuvre excellente au lieu de n'être qu'agréable.

Les Chevaux arabes de M. A. de Balleroy, d'Igé (Orne), valent un peu mieux que les œuvres envoyées aux deux précédents salons, quoiqu'ils soient encore d'un rendu bien insuffisant. Ces chevaux, qu'on nous dit arabes, et nous ne nous opposons point à ce qu'ils le soient, sont en liberté dans une prairie, et, corrompus sans doute par la société de certains humains, ils profitent de cette liberté pour se battre. L'un, qui est blanc et vu par la croupe, mord au cou son adversaire, un alezan, qui, s'étant cabré, s'est abattu sur le garot de son adversaire, qu'il mord aussi.

M. Eugène Bellangé a profité de la paix où nous sommes encore pour nous montrer comment nos troupiers s'amusent au camp. Dans *la Partie de Loto*, ils forment cercle dans un agréable déshabillé et s'endorment le nez sur leurs cartons, couchés à plat-ventre sur un sol battu et sous un soleil de plomb. Soyez donc sensibles, en cette position et par cette chaleur, aux charmes des *deux cocottes* et du *quaterne*.

Dans *une Visite au camp*, la veille de l'arrivée de l'empereur, nous voyons les troupiers astiquant leur fourniment et leur front de bandière. Avec les ciseaux destinés à leurs cheveux, ils tondent les gazons de bordure des plates-bandes, tandis que les plus lestes, grimpant sur les cônes en toile qui forment les tentes, en pavoisent le sommet avec de petits drapeaux.

M. E. Berthélemy, se maintenant au rang où l'ont placé les précédents salons, s'est montré à celui-ci avec deux excellents tableaux : l'un est le *Naufrage du Borysthène*. A gauche, le rocher où s'est brisé le bateau à vapeur, émerge des flots et a déjà reçu sur sa plateforme un grand nombre de naufragés. Ceux-ci y ont été transportés sur un va-et-vient installé à l'aide d'un grelin qu'un courageux matelot, le nommé Leblanc, a réussi à y porter après cinq tentatives infructueuses.

Au centre s'est échoué l'avant du navire, large épave éventrée qu'assaille « la populace des vagues » de tous côtés fouettée par le vent et se gonflant en tumulte sous une lumière blafarde qui tombe des nuages blancs amoncelés au-dessus du rocher.

Nous ferons deux objections : l'une relative à la forme des nuages, qui ne nous semblent point participer du mouvement que le vent imprime aux lambeaux de toile de l'épave, ainsi qu'aux signaux de détresse; l'autre relative à la couleur verte de la mer, qui nous paraît être ici plutôt celle de l'Océan que de la Méditerranée; bien que cette circonstance d'un ciel couvert et de la tempête puissent modifier, jusqu'à un certain point, le ton d'ordinaire si azuré des eaux qui baignent les côtes d'Afrique.

La Vue des dunes et du port de Courseulles est d'une vérité qu'il nous est plus facile de vérifier. Au premier plan s'étend la dune couverte de plaques d'herbe dure, coupée par un sentier blanc qui longe la plage, où la vague expire. Deux pêcheurs sont au premier plan, à côté de quelques palissades, attendant la marée basse; au fond se dessine la silhouette des maisons basses de la ville, en avant d'un ciel estompé de quelques nuages gris, qui blanchissent à mesure que le soleil les aspire. C'est un paresseux matin, où la mer seule s'est éveillée pour fatiguer la rive de ses attaques incessantes. Tableau excellent et peint avec une sincérité que nous ne saurions trop louer.

Nous avions cru remarquer l'an dernier une certaine recherche de style dans les tableaux de M. A. de Boucherville, d'Acqueville (Calvados), à côté d'une grande insuffisance de dessin. En voulant étendre le cadre de ses compositions et déshabiller ses personnages, M. A. de Boucherville nous semble avoir perdu le peu de style que nous lui avions reconnu, sans qu'il ait pour cela amélioré son dessin. *La Vendange* est une grande machine banale, où un contour tel quel circonscrit de ses lignes molles ce qui n'a pas même l'apparence d'un semblant de modelé.

Une femme nue, montée sur un tertre, cueille les grappes d'une vigne suspendue à un arbre comme une frise dans un décor de théâtre. A côté d'elle un homme, vu de dos et modestement vêtu d'un jupon, reçoit la récolte dans une corbeille. Sur le premier plan une femme, assise à terre, les jambes recouvertes d'une draperie brune, soulève un enfant nu vers les raisins que l'on cueille. Les tons roses blafards et les gris se marient facilement dans cette toile vide, qui prouve que M. A. de Boucherville a beaucoup à apprendre encore avant que d'aborder avec succès ces grands sujets qu'il est moins facile d'achever que d'entreprendre.

M. Boudin, d'Honfleur, s'en tient, comme l'an dernier, aux agréables pochades qui nous montrent l'aspect des plages normandes lorsqu'elles sont habitées par leur colonie de baigneurs. Ici, c'est une harmonie d'un gris rose qui domine dans cette *Réunion sur la plage* de belles dames aux costumes élégants, assises en regard de la mer. Là, sur *la Plage de Trouville*, c'est une harmonie bleue. Sans jamais recourir aux tons extrêmes et violents, M. Boudin sait faire jouer à merveille la symphonie des teintes intermédiaires ; mais, à proprement parler, ses tableaux ne sont que de très agréables ébauches auxquelles il manque le dessin et le modelé. Mais on se contente facilement d'à peu près aujourd'hui, pourvu que « l'impression » y soit. L'impression y est, et faisons comme tout le monde !

M. Cabasson, de Rouen, a peint l'un des tableaux qui attirent le plus de foule au salon ; mais c'est au sujet qui représente *le Retour de l'île d'Elbe* que revient le principal du succès. L'empereur est debout sur le pont du navire et dicte des proclamations à tous ceux qui savent tenir une plume autour de lui.

M. Caillou, de Lisieux, était noir et triste l'an dernier. Cette année il est vert et veut être gai : il n'est que bruyant. *Le Souvenir du Dauphiné* nous montre une large rivière coulant paresseuse au milieu de ses laisses de sable, au pied de montagnes au profil accidenté, dont les croupes vertes, déchirées de place en place, se dressent en noirs escarpements verticaux. Au premier plan, à droite, s'étend une petite plaine, où rougit au milieu des peupliers le toit en tuiles de quelques maisons basses.

Au fond, le ciel rosé s'irradie en tous sens, mais ne sert qu'à outrer la couleur verte de ce paysage, où la touche n'est que lourde sans réussir à être solide.

La peinture de M. Cassinelli, du Havre, nous semble avoir acquis quelque fermeté depuis l'an dernier, bien que l'on puisse reprocher encore leurs aspects vitreux aux parties le plus vivement éclairées du *Bateau de Trouville, par un grain.* Le sloop, vu par l'avant, se relève péniblement sur la mer que son beaupré a labourée, et s'avance creusant un profond sillage au milieu des vagues tourmentées qui balaient son pont. Cela a été vu et est tout imprégné d'eau salée.

M. Chaplin est revenu au cortège des déesses lascives dont le dix-huitième siècle peupla jadis l'Olympe, afin de faire croire à la du Barry, sans doute, que tout se passait là-haut comme aux petits soupers du roi.

Un Rêve est un panneau décoratif destiné à l'hôtel Demidoff, que l'on croirait peint il y a cent ans par quelque élève de F. Boucher. Deux agréables caillettes roses et poupines sont couchées sur la gaze et sur le satin, au-dessous d'une grande draperie bleue. L'une dort encore, et si elle rêve, elle doit rêver qu'elle n'est qu'une apparence vaine, une forme sans solidité, car les reflets de la draperie qui l'abrite glacent sa poitrine de tons bleus aussi intenses que si elle était un transparent cristal. L'autre s'est éveillée et s'appuie sur son coude, tandis que deux amours enlèvent les gazes légères qui la couvrent encore. Pouvons-nous dire que Morphée tient encore sous son empire deux petits amours enlacés au premier plan, puisqu'on ne voit point Morphée. Mais ce que nous voyons, c'est que tout est blanc et rose dans ce panneau où s'harmonisent quelques bleus légers, et que tout cela est aussi agréable que faux.

Dans le portrait de Mme M..., une grande et élégante jeune femme, dont les diamants, les toilettes, les chevaux et le train, sont connus de tout Paris, nous concevons moins que M. Chaplin ait sacrifié aux mêmes harmonies. Mme M... est peinte plus grande que nature dans une robe de satin blanc dont la traîne revient en avant des pieds en longs plis élégants. Un quadruple rang de perles entoure son cou. Elle est debout sur une terrasse aux balustrades en marbre rose, en avant d'un fond de feuillages rougis par l'automne. La robe est admirablement peinte, mais tout modelé disparaît dans la tête, qui, d'ailleurs, nous semble médiocrement flattée.

La Sainte Famille a été si souvent représentée, que l'on excusera Mme Laure de

Chatillon, de Cambray-sur-Eure, si nous la voyons figurée d'une manière un peu insolite par son pinceau. La Vierge, en robe blanche, drapée dans un manteau bleu, comme une muse, dressée sur ses pieds nus, faute iconographique qu'aucun peintre ne s'était encore permis, porte sur son épaule l'enfant Jésus, qui cueille une grappe. Le petit saint Jean, debout à terre, se hausse sur ses pieds pour offrir un bouquet d'épis. Admirez l'ingéniosité du peintre, qui a su réunir en ces jeux d'enfants les éléments de l'Eucharistie. Voilà ce qui peut s'appeler faire progresser la peinture religieuse et toucher le fin des choses. Heureuse l'église qui possédera cette hardie tentative en dehors des routes battues! Peinture timide, en tous cas, dont les dimensions sont bien au-delà de ce que devrait entreprendre Mme de Chatillon, et peinte dans des tons clairs.

M. Clouet d'Orval, d'Alençon, dont nous avions signalé les brillants débuts l'an dernier, nous semble avoir un peu aminci sa couleur en cherchant trop les harmonies blondes que l'on trouve dans les paysages de M. Castan. Même prédilection pour l'opposition des plaines et des hautes montagnes, même recherche des effets de soleil levant à travers les feuilles qu'il perce de lueurs ambrées.

Le Dimanche matin, vue prise en Bavière, près de Kœnigsee, appelle surtout ce rapprochement. Quelques fidèles traversent une lande rocheuse, se dirigeant vers l'église, qui s'élève au fond, près d'un rideau d'arbres, en avant de hautes montagnes bleues aux flancs encore humides de quelques lambeaux de nuages qui se déchirent et s'épandent dans le ciel. La pâle lumière des matinées nuageuses vient du fond et frange le clocher, les arbres et les herbes de ses teintes d'un jaune clair.

L'autre paysage, plus modeste en ses dimensions, se compose d'une flaque d'eau au milieu de roches qui accidentent une prairie. Quelques arbres s'élèvent en arrière et se détachent sur un fond violet de montagnes, profilées sur un ciel blafard et tout chargé de pluie. Habile comme il l'est, M. Clouet d'Orval devrait bien garder la personnalité que nous avions cru reconnaître en lui, et voir la nature par ses propres yeux.

Le *Thésée* de M. Cœssin de la Fosse nous semblerait avoir besoin encore de quelques journées de travail. Le modelé laisse à désirer et présente certaines duretés qui disparaîtraient à coup sûr pour acquérir cette morbidesse des chairs que montrait la charmante *Chloé* de l'an dernier.

Le héros athénien, élégant et fort, comme nous le montre l'art grec dans ces bas-reliefs si fréquemment sculptés qui le représentent combattant les amazones, se tient debout à l'entrée du labyrinthe, regardant devant lui, son glaive de la main droite et tenant de la gauche le peloton de fil qu'Ariane lui confie. La fille de Minos, debout à ses côtés, s'appuyant à son épaule, lui montre la route et déroule le fil qui voltige derrière elle en même temps que le manteau qui recouvre sa robe blanche de ses plis de turquoise. Le groupe est élégant, presque sculptural et nous ne serions point étonné que quelque ouvrier du ciseau reprît ce motif, en élaguant ce que le pinceau a su se permettre en dehors des lignes plus concentrées où le sculpteur doit se renfermer.

Signalons tout d'abord de grands progrès chez M. Daliphard, de Rouen, qui est en passe de se faire une place parmi les paysagistes modernes. Des deux paysages exposés par lui, nous préférons *une Vanne dans la Campine limbourgeoise* au *Coup de Soleil après l'orage dans la vallée de la Bresle*. Le premier se compose mieux que le second, et nous semble d'ailleurs exécuté d'un pinceau moins brutal.

Dans le premier, la décharge d'un étang, toute couverte de nénuphars et encaissée entre deux berges herbeuses, vient en avant de la vanne, dont les charpentes interrompent la ligne d'une levée qui barre l'étang endormi au second plan. Deux chênes, dont les hautes tiges souvent émondées se cachent sous les feuilles, se dressent à côté de la vanne et coupent les ondulations du coteau dénudé qui enceint l'étang vers la gauche, s'abaissant pour former un simple bourrelet qui sert d'horizon.

Une chaumière basse s'élève au fond, sur le bord des eaux, et la fumée de son foyer, qui monte en haute colonne verticale, vient se fondre dans le ciel qui, vergeté de jaune d'or à l'horizon, passe insensiblement au violet. C'est le matin; la lumière n'est point encore éteinte dans la chaumière, et ses vives lueurs qui dessinent les portes et les fenêtres font valoir les ombres transparentes du crépuscule encore étendues sur les premiers plans, tandis que les lueurs du ciel se réflètent dans les eaux et réveillent les fonds.

Déjà M. Daliphard, dans un de ses tableaux de l'an dernier, *le Fort Muiden*, a usé de cet artifice d'une chaumière laissant passer par ses ouvertures des lumières intérieures, afin de former contraste avec les lueurs crépusculaires du soir ou du matin. Deux fois déjà, c'est beaucoup, et c'est un procédé dont il ne faudrait point abuser.

Le Coup de Soleil après l'orage, d'un effet très juste, est un moins agréable paysage.

Sur le premier plan et dans l'ombre, un chemin à profondes ornières suit un grand pli de terrain; puis l'un et l'autre s'arrêtent brusquement, le chemin pour tomber dans une plaine et disparaître aux pieds de l'escarpement que termine un bouquet de grands arbres. La plaine, étroite et couverte de chaumes jaunes où s'élèvent deux « villottes » à toit conique, est bornée au fond par une ligne d'arbres en avant d'un coteau. Le soleil frappe sur cette plaine avec cette intensité que lui donne l'atmosphère humide qui suit les orages dont est encore chargé le ciel, qui s'étage par assises.

L'effet est juste, répétons-nous: mais entre la plaine jaune et lumineuse et la route verte et sombre, existe-t-il pour l'œil la distance voulue pour que l'on devine que cette route descend par une pente quelconque dans cette plaine, au lieu de s'arrêter à un escarpement qui la dominerait verticalement? Nous ne le pensons pas. Néanmoins nous aimons à constater chez M. Daliphard, non pas seulement des progrès, mais un pas immense franchi depuis les sombres paysages nocturnes d'il y a deux ans.

M. Daliphard voit juste, peint franchement, d'une façon solide ; mais qu'il se défie des formulaires tout faits.

Un bouquet de roses mal dessinées dans un vase de porcelaine posé sur un marbre de commode en poudingue, dont les éléments sont trop accusés, le tout se détachant sur un fond gris, constitue l'apport de Mlle Darru, du Neubourg. Juste de quoi avoir sa carte d'entrée au Salon, lorsqu'on n'est point refusée par le jury.

Nous en dirons autant de M. Delapierre, de Rouen, pour l'étude de maisons en pierres grises, maçonnées en ciment blanc, qui s'alignent de chaque côté de *la Rue de la Caserne des Espagnols*, à Charlemont (Jura). Après son exposition de l'an dernier, nous attendions plus et mieux de lui.

M. E. Dévé, de Rouen, expose deux paysages de valeur fort inégale, quoiqu'ils soient peints tous deux avec une facilité qui risque de tourner au *chic*.

Dans *la Coupe de Bois*, un gros chêne court, qui étreint de ses puissantes racines un bloc de rochers, étale sa ramure en avant d'une enceinte de bouleaux échevelés qui poussent leurs troncs blancs au milieu d'une bruyère en fleurs que frappe le soleil. Deux bûcherons y coupent et y empilent du bois. Un taillis s'étend en arrière-plan, sous un amas de nuages blancs en désordre, qui s'effrangent pour laisser voir un ciel bleu turquoise.

Nous pourrions souhaiter à cette toile

un peu plus de fermeté dans les premiers plans.

Quant au *Paysage près de Nemours*, il est gâté par un groupe de saules d'un feuillage vert acide qui se penche sur une mare. Au fond s'étend une prairie basse aux longues herbes, où paissent quelques vaches, fermée par une haie. Il y a là un souvenir trop flagrant de Flers, et des arbres d'une facture trop conventionnelle.

La Prière, de Mlle Angèle Dubos, de Laigle, est une bonne étude de femme italienne, grande comme nature, vue à mi-corps, point trop jolie, mais largement traitée, d'une couleur solide, mais avec des ombres un peu trop noires.

Mlle Eudes de Guimard combine toujours les verts froids et les rouges affadis, qu'elle peigne *les Deux Sœurs* ou *la Porte d'Arroux*. Le second tableau ne reproduit ni l'architecture aux profils délicats, ni la chaude couleur de l'ancienne porte qui depuis les Romains sert d'entrée à Autun. Le premier, plus agréable et plus ferme, nous montre une jeune Italienne qui porte sa petite sœur dans ses bras.

Quelques cabanes de paysan bâties en grossiers matériaux alignent leurs pignons sans ouvertures le long d'*une Rue d'Auvers*, dont un talus vert portant une haie et un arbre rompt la blanche monotonie. Mlle Lisa Faucher, de Rouen, est l'auteur de cette toile de peu d'importance.

Encore Mlle Amanda Fougère et ses sujets larmoyants ! *La dernière Pièce d'or*. Ce titre doit suffire, à qui se rappelle les œuvres précédentes de Mlle Amanda Fougère, pour rendre ce tableau présent aux yeux. C'est une jeune maman, toute de noire habillée, ayant à ses côtés sa fille vêtue comme elle et sur les genoux une bourse du plus beau vert d'où la dernière pièce d'or est sortie. A côté, sur un tabouret, un coffret est ouvert pour laisser voir une croix d'honneur et un médaillon. La croix de mon père ! le médaillon de mère ! Voilà certes une histoire qui peut être vraie, mais que l'on a rendue ridicule à force de la ressasser souvent.

Le petit *Paysan en Voyage* appartient à un autre genre de banalité. Celui-là est si bien occupé à poser devant le peintre, qu'il oublie son bâton sur son épaule et son paquet au bout de son bâton, quoiqu'il se soit assis sur un tertre pour se reposer. De grâce, débarrassez-vous, jeune homme ! de ce fardeau qui vous pèse, de l'habit que vous avez soigneusement posé sur vos genoux, de la blouse nouée par les manches, en double et carrément sur vos épaules, et décoiffez-vous de votre chapeau de paille. Quand on se repose, que diable ! c'est pour se mettre à l'aise, et vous me semblez terriblement empêtré !

Sortons un peu de la peinture féminine pour trouver une œuvre de quelque valeur. *Un Soir de Moisson, hymne à la nature*, de M. A. Foulongne, de Rouen, renferme d'excellentes parties et d'autres qui auraient besoin d'être plus étudiées.

Un poëte est assis, la lyre en main, presque au centre de la composition, en avant d'un bouquet d'arbres qui abrite une source dont les eaux s'épanuent au premier plan. Derrière les troncs enlacés se cache une femme qui écoute. Sur la droite s'étend la plaine. Un chariot, traîné par des bœufs, s'avance, chargé de gerbes, escorté par des couples de moissonneurs.

C'est là que sont les parties faibles du tableau. Nous noterons surtout l'homme qui marche en tête du cortége, enlacé à une moissonneuse. Sa tête, disgracieuse, s'emmanche mal sur le torse, lequel est d'un dessin qui laisse également à désirer.

M. A. Foulogne possède un excellent sentiment de la poésie antique, et son tableau est bien un hymne tel que Virgile le chantait dans ses *Géorgiques*. Son paysage est composé habilement pour accompagner la figure du poëte, dont le geste est inspiré, sans être théâtral. Il ne faut plus maintenant qu'un peu de chaleur dans le coloris et de variété dans l'exécution pour compléter ces bonnes qualités.

M. Freret, fidèle aux spectacles qui lui ont valu un succès l'an dernier, expose encore cette année deux plages des environs de Cherbourg, sa patrie ; tableaux d'une justesse d'effet remarquable.

La Baie de Fermanville arrondit sa courbe au pied d'une côte basse et inclinée que couvrent des cultures. Des assises horizontales de blocs granitiques, chargés de goëmons noirs, s'étalent aux premiers plans. Quelques gros nuages sombres, chassés par le vent, s'amoncellent sur le ciel et projettent leur ombre intense sur la côte et sur l'étroite bande de sable où déferle la vague. Une lumière blafarde éclaire la mer verte et froide, que frange sur plusieurs lignes l'écume blanche des flots pressés.

Quelques bateaux de pêche arrivent à la file inclinés sous le vent. Un point lumineux s'accroche à la corne de leur voile plongée dans l'ombre, et leur coque noire dévide un long fil d'argent en fendant les eaux.

La mer est tout, avec son éclat sombre, dans cette toile d'un effet si juste.

Le Coucher du soleil sur la baie de Vauville n'est point d'une vérité moins saisissante. La mer s'est retirée, laissant sur la plage basse de nombreuses flaques, qui reflètent sur la terre les pourpres lueurs du ciel. La mer déferle au loin, dans l'ombre morne, et quelques charrettes arrêtées, silhouettes noires sur le reflet des eaux, viennent chercher les varechs que les vagues ont laissés.

Le tableau de M. E. Gennet, de Tourlaville (Manche) est un épisode agrandi du précédent tableau.

La charrette est là, attelée de ses deux chevaux, et des paysans, drapés dans leurs manteaux, font la récolte du varech avec des poses épiques.

Plus de souvenirs que d'études vraies de la nature nous semblent être intervenus dans cette œuvre, faite avec la préoccupation de quelque vieux tableau flamand.

Certes il pourrait y avoir plus d'étude dans le portrait de Mme la comtesse de Saint-L..., supérieure fondatrice d'une communauté religieuse, par M. Guernier, de Viré. Mais tel qu'il est, ce portrait, attaquant par larges plans la figure intelligente et austère du modèle, dont les traits se détachent nettement sur ses guimpes blanches, nous produit l'effet d'une excellente préparation, laquelle n'attend qu'un peu de modelé.

L'arrivée des *Pèlerins devant Jérusalem* a permis à M. J. Hauguet, de Rouen, d'introduire quelques costumes européens dans une de ces scènes orientales qu'il aime à représenter, sans abandonner néanmoins les conditions pittoresques qui doivent dominer en peinture, surtout lorsque l'on va si loin qu'en Asie. Il faut ajouter que la vérité des faits, — car on devine que ce qu'il a peint a été vu par lui, — ou qu'une liberté d'arrangement fort légitime en pareil cas, lui ont permis de modifier, pour l'orientaliser quelque peu, notre laid accoutrement occidental. Les pèlerins le plus en vue portent le burnous blanc et le chapeau en dôme entouré d'un voile de gaze formant turban, ou pour le moins la veste blanche. Les ecclésiastiques, qui avaient abandonné l'habit noir ou la soutane pour se mettre plus à l'aise, et qui chevauchent en tricorne, en rabat et en bras de chemise, un ample parasol sur la tête, sont relégués en arrière-plan et se perdent dans la masse.

Mais nous commençons par le détail quand c'est l'ensemble qu'il nous faudrait faire comprendre.

La caravane des pèlerins descend de la droite les pentes onduleuses et mammelonnées d'une montagne couverte d'herbes, qu'éclaire un soleil encore matinal perçant des nuées blanches amoncelées dans le fond. A gauche, les murs blancs de Jérusalem apparaissent au-delà d'un ravin, la vallée de Josaphat sans doute. Au centre, sur le relèvement de l'un des plis de la montagne, la tête de colonne arrive, aperçoit Jérusalem et fait halte. Les plus fervents se sont précipités de leurs montures pour se jeter à genoux ; d'autres saluent de leur chapeaux la ville sainte ; les retardataires lancent leurs chevaux au galop pour l'apercevoir enfin.

Sur l'extrême gauche, un groupe d'hommes et de femmes du pays se rangent et regardent. Sur la droite, les chevaux chargés de bagages descendent sous la conduite de leurs palefreniers, et le reste de la caravane s'égrène sur les pentes qui montent au fond.

Pour relier le groupe de gauche, dont les tons vigoureux forment repoussoir avec le groupe central où se trouve tout l'intérêt du tableau, un pèlerin isolé s'est agenouillé, tenant par la bride son cheval, qui tourne la tête vers ses compagnons qui le suivent de loin. Nous eussions préféré que M. J. Hauguet supprimât cet épisode, au risque de laisser la place vide ; il se fût ainsi évité de peindre un cheval assez mal bâti qui fait tort à toute la composition, fort bien ordonnée du reste, quoique les deux groupes accessoires des deux extrémités du tableau remplissent trop évidemment les fonctions de repoussoirs.

M. J. Hauguet s'est à peu près débarrassé des tons durs et bistrés qui nuisaient à ses précédents tableaux. Sa couleur s'est éclairée, et *les Pèlerins devant Jérusalem* marquent à cet égard un très sensible progrès sur ses œuvres antérieures. Notons encore que ses terrains, bien assis, sont éclairés et modelés avec un grand talent.

M. G. Hébert, de Rouen, a peint d'après lui-même un portrait fort étudié, quoique la pose en soit quelque peu cherchée. Il s'est mis de face et debout, une main sur la hanche, l'autre sur un carton fermé devant lui, et vêtu de noir sur un fond brun très sombre. Les mains, longues, ne nous semblent point aussi jeunes que la tête, qui est du ton brun ambré que M. G. Hébert affectionne, et en grande partie dans l'ombre.

Le *Faune chasseur* de M. X. Hellouin, d'Aulnay-sur-Odon, est une étude grande comme nature, assez habilement arrangée en tableau. Le faune est assis et regarde un chevreuil jeté à terre devant lui. Le dessin manque de distinction et la couleur se maintient sans grandes hardiesses dans un ton gris général. Il y a loin cependant de cette consciencieuse étude aux maigres oiseaux morts de l'an dernier.

Le convive que M. Hermann-Léon, du Havre, a représenté *Seul à table* est un matou gourmand qui, monté sur une chaise, a pris dans le plat une côtelette et la dévore l'œil à mi-clos, savourant la jouissance de mettre la dent en pleine chair saignante. Les différentes pièces du service se profilent sur la nappe, au-dessus du personnage. Ce tableau, largement peint, mais d'une couleur un peu lourde, nous semble préférable à la nature morte intitulée *Cafetière d'argent et Pêches*. La cafetière semble tout-à-fait noire et transparente, à cause de la trop grande intensité des reflets qu'elle reçoit, et les pêches joueraient un vilain tour à qui voudrait y mordre.

L'Attelage Normand, de Mme ou Mlle Julien, du Havre, est en avant d'un chariot qui descend une côte. Le tout est médiocrement dessiné et peint dans des tons très brillants, qui veulent être solides, sur un tout petit panneau grand comme la main.

La Vénus de Milo, un paon empaillé, un yatagan dans son fourreau d'argent posé sur un livre relié en basane, à côté d'un broc en faïence de Rouen où sont plantés des pinceaux, le tout posé sur un tapis en filet de coton, largement peint et avec des tons quelque peu noirs, constitue *la Nature morte* de M. H. Lachèvre, de Rouen.

C'est toujours Daubigny et Corot, ses maîtres, que M. A. Lambert, de Darnétal, prend pour modèles, en atténuant quelque peu les noirs et les audaces de couleur du premier avec les gris du second. Mais aussi pourquoi aller se loger à Auvers, où M. Daubigny a établi son quartier-général, et s'aviser de peindre après lui les bords de l'Oise, *Un Matin, après la pluie?*

Occupé de travaux décoratifs pour une église de Paris, M. F. Laugée n'a pu envoyer au salon qu'une toile de peu d'importance. *La petite Curieuse* est une jeune servante qui, en rangeant l'appartement, le matin, a trouvé sur un meuble une lettre décachetée. Elle a enlevé la missive de l'enveloppe et lit, souriante, ce qui n'était point écrit pour elle. La jeune servante, grande comme nature et vue à mi-corps, coiffée d'une capuche blanche qui reçoit toute la lumière et laisse dans l'ombre la figure éclairée par reflet, s'appuie à un buffet bas, en avant d'une tapisserie à personnages. Cette figure est presque tout entière placée dans une de ces chaudes demi-teintes que M. F. Laugée excelle à peindre ; mais elle semble bien bonne personne pour fouiller ainsi dans les secrets de ses maîtres.

Le Conte de la Grand'Mère, tableau que son titre explique suffisamment, est un des meilleurs que Mlle Lefébure, de Rouen, ait peint depuis longtemps. Non pas que la conteuse et les quatre enfants suspendus à son récit soit d'un dessin irréprochable, mais la couleur de l'ensemble est agréable et harmonisée par des tons moins terreux que d'habitude.

M. F. Legrip a peint de grandeur naturelle *Saint Vincent-de-Paul* apportant un enfant trouvé à deux religieuses qui l'attendent sur le seuil d'une chaumière de Thibouville, qu'il a tranformée en hospice. *La Marée montante à Toucques* accompagne ce grand tableau.

Un cheval alezan clair et de race anglaise, attaché par la bride à un poteau dans un bois, et cachant presque entièrment un autre cheval blanc attaché comme lui, nous semble plus grassement peint par M. Le More, de Caen, que le cheval de l'an dernier. Le paysage est très sacrifié et tout conventionnel, mais suffisant comme fond de portrait, ce portrait fût-il celui d'un cheval.

M. Stanislas Lepine, de Caen, ne peut quitter les ponts de Paris, ni même de certains de ces ponts. Il voyage bien de Bercy à la place de la Concorde, mais ne voit rien entre les points extrêmes, et c'est toujours le pont de Bercy ou le pont de la Concorde, quand ce ne sont pas tous les deux, comme cette année, qu'il peint avec des couleurs crayeuses empruntées à M. Corot.

Le genre néo-grec compte un adepte de plus dans la personne de M. A. Lesrel, de Genets (Manche) : un jeune homme, à en juger par l'agréable portrait qu'il a fait de lui-même. Comme ce portrait, *l'Amour Vainqueur* est peint dans la tonalité grise qu'affectionnent les maîtres du genre, qui ne récuseraient pas non plus le style quelque peu précieux du dessin.

Une jeune fille en ses dix-sept ans, entièrement nue, est appuyée, moitié debout, moitié assise, sur le bord d'une vasque. Ses bras s'abandonnent et ses deux mains se croisent sur sa cuisse, et elle regarde, la tête inclinée sur l'épaule, deux colombes qui s'ébattent en avant d'un vase rempli de fleurs, posées sur le bord du chapiteau ionique d'une courte colonne qui porte le vase et cache un petit amour. Ce dernier regarde en tapinois la songeuse enfant.

Une fois que l'on a admis le genre de peinture mièvre et de couleur sans accent qui caractérise ce qu'on appelle aujourd'hui le style néo-grec, tel que M. Hamon l'a mis à la mode, le tableau de M. Lesrel s'accepte très facilement, d'autant plus que le corps de la jeune fille, représentée de grandeur presque naturelle, offre de certaines finesses de modelé fort louables.

La présence à Paris des troupes Indigènes de l'Algérie fut une bonne fortune pour les peintres, qui trouvèrent ainsi sous la main des types nouveaux et des costumes pittoresques et purent faire une excursion en Afrique sans quitter Paris.

M. Lhullier, de Granville, a profité de cette occasion pour représenter *le Café des*

Tirailleurs indigènes. Ce café est une salle de la caserne Bonaparte, à Paris. Entre deux piliers qui supportent les poutres du plafond, un banc est établi, et les soldats s'y sont assis à califourchon, jouant aux dames devant un cercle de turcos et de spahis. Un tapis accroché entre les deux piliers, et un drapeau jaune, étoffent un peu l'architecture nue et mettent en rapport avec ses hôtes cette vulgaire chambre de caserne. Une porte qui s'ouvre à droite éclaire dans l'ombre un groupe de soldats, tandis que du côté opposé quelques autres s'empressent, dans un coin sombre, autour de l'arc arrondi au-dessus du fourneau où bout le café. M. Lhullier est un peintre fort habile, auquel il n'a manqué, pour faire ici une œuvre en tous points excellente, qu'un peu de parti-pris. Le groupe principal ne se détache point assez en lumière au milieu de tout l'ensemble, où domine une tonalité rose habilement ménagée; aussi, pour l'éclairer quelque peu, a-t-il fallu assombrir outre mesure le fond où est placé le fourneau. Quant à la partie qu'égaie la porte ouverte, nous n'avons que des éloges à lui donner.

L'Orient et les éclatantes splendeurs de son ciel charment toujours M. L. Lottier, que nous soupçonnons fort de les avoir quelque peu outrées. *Saïda*, l'ancienne Sidon, nous est montrée dans un grand panneau plus haut que large, s'avançant dans la mer bleue, sur la croupe d'une colline, et comme un amas de dômes et de minarets roses mariés aux cyprès et aux platanes, qui dominent un tas de masures plates.

De hautes murailles dont le pied repose sur une étroite grève soutiennent les terrasses où tout cela s'étage au milieu des jardins. Les constructions qui varient du rouge sombre au rose tendre, se détachant de la mer bleue et du ciel turquoise, forment comme une apparence de gâteau en crême fouettée, posé sur un plateau de lapis en avant d'une tenture verdâtre.

La même harmonie rosée se retrouve dans la vue des *Environs de Saïda*, qui nous montre les mêmes dômes arrondis et les mêmes minarets pointus au fond, à gauche, avec la mer bleue à droite, et sur le premier plan un chemin jaune rocheux, au milieu des arbres saupoudrés d'une lumière ambrée.

Il a dû nous arriver souvent de chicaner M. Loutrel sur le peu d'agrément de sa peinture et sur les tons froids de sa couleur. Aujourd'hui, il faut que nous le félicitions de l'heureuse transformation qui s'est opérée dans son talent et que nous le louions du tableau qu'il a appelé *Souvenir*. Une jeune femme en costume du temps des derniers Valois, le toquet noir à plume blanche sur la tête, vêtue d'une robe en velours noir à haut corsage ouverte par dessus une jupe en satin blanc, est assise près d'une table recouverte d'un tapis de Turquie, et lit des lettres qu'elle vient de tirer d'un coffret. Une tapisserie à personnages garnit les murs de la pièce, où se voient quelques meubles sculptés. La figure est d'assez grandes proportions, grassement peinte, et les accessoires, traités avec esprit, lui sont habilement subordonnés.

L'Enfant Prodigue était bien précoce s'il

était tel que M. E. Marc, de Rouen, nous l'a représenté. Celui-ci en a fait un jeune garçon qui, assis tout nu et avec abandon sur un tas de rochers, se trouve fort honteux d'être vu en tel état par celles qui l'ont ruiné, et qui passent en riant, parées de ses dépouilles. Le soleil leur sourit tandis que l'ombre enveloppe le déplorable gardien de l'immonde troupeau. Cette étude, de dimensions presque égales à celles de la nature, vaut un peu mieux que ce que E. Marc nous avait montré jusqu'ici.

M. Martin, du Havre, est un nouveau-venu qui pourrait bien avoir du talent quelque jour. Son *Intérieur breton* renferme d'excellentes parties, notamment le coin où deux jeunes gars, assis devant une table, lisent dans un livre en face d'un vieillard assis de l'autre côté. La lumière arrivant par une fenêtre qui éclaire directement ce groupe est habilement distribuée et d'une grande vérité d'effet. Nous trouvons seulement que Martin a un peu trop sacrifié au bleu pour former la note dominante de son tableau.

M. Massé, d'Elbeuf, s'est, cette année, exclusivement livré au portrait : portrait d'homme blond, vu de face, les cheveux ras, avec barbe en brosse et de longues moustaches, en costume roux ; portrait de femme blonde, simplement vêtue d'une robe noire, les mains croisées sur les genoux : d'un ton clair tous deux et d'un modelé peu ferme, surtout du côté de l'ombre.

Pour donner plus de relief à la tête de la petite fille, dont il a fait un portait qui doit être très vrai, M. Mélicourt-Lefebvre, de

Dieppe, a complétement sacrifié le modelé des épaules et, de plus, a posé le tout sur un fond d'un noir opaque tel que la nature n'en donne que bien rarement. Il est vrai que les chairs ne sont point non plus d'une couleur bien chaude, mais ce portrait vit, grâce à l'animation des yeux et de la physionomie.

M. Merme, de Cherbourg, nous envoie toujours des *Souvenirs de la Guadeloupe*, qui se ressemblent tous par la couleur, preuve ou qu'ils sont vrais, ou que le peintre les a tous vus de la même façon. C'est une route rocheuse, d'un ton violet, qui s'enfonce entre des végétations vertes, où le dôme des arbres européens se marie à l'aigrette des palmiers. Un fort montre en arrière-plan ses murs blancs en avant de montagnes violettes.

Aucune discussion ne s'élève cette année autour de M. F. Millet et du paysage qu'il a envoyé. C'est qu'aussi ce paysage est bien mauvais et qu'on ne retrouve l'homme de talent que dans la façon dont est peint le ciel. Deux couches de nuages légers et de tons différents y courent sur un fond bleu, rosé à l'horizon où il plonge dans la mer. Ce paysage, qui représente *le Bout du village de Gréville*, se compose d'une cabane bâtie en cailloux ressemblant à des flocons de laine. Eclairée par derrière, elle projette sur une cour caillouteuse une ombre de même ton qu'elle. Le mur bas d'un toit à porcs clôt du côté de la mer cette cour, où barbottent quelques canards. Une haie le prolonge d'où s'élève un arbre sans branches, au tronc souvent émondé et couvert de feuilles ; une femme y appuie un enfant qui regarde au fond. Il n'y a dans cette toile ni solidité, ni rapport de tons; rien qu'une pratique enfantine ; le ciel étant toutefois excepté.

M. Mongodin, de Vire, toujours occupé à peindre des infiniment petits, nous montre cette année deux fois le même tableau, sous deux titres différents: *la Soupe au Camp* et *le Repos des Travailleurs*. Les accessoires seuls varient : ici des pantalons garance et des chemises blanches, avec des tentes dans le fond ; là des blouses bleues et un abri en tresses de paille. Mais dans les deux tableaux, une lumière blanche, en guise de soleil intense, tombe d'aplomb sur les personnages.

La Pêche au lançon, en Normandie, a permis à M. Morel-Fatio, sans quitter les dunes unies qu'il affectionne, de peindre un tableau très vrai et très animé. Toute une population s'est répandue sur la plage, dont elle laboure le sable en tous sens, enveloppée dans une chaude vapeur matinale. Un bateau de pêche échoué accidente seul la ligne horizontale du ciel, des eaux, du sol et de la foule qui le couvre.

Dans *le Port d'Amphion* (Savoie), M. Morel-Fatio a sacrifié à son goût habituel pour les compositions un peu vides, les scènes calmes et la couleur jaune. Un bateau plat dort sur les eaux, dont les molles ondulations viennent en murmurant expirer sur la grève. Le port creuse son anse plantée d'arbres, et édifiée sur le premier plan de maisons plongées dans l'ombre. Des montagnes bleues se profilent au fond sous un ciel calme.

La *Nature morte* de M. E.-A. Morin, de Saint-Pierre-sur-Dives, se compose de pommes de Calleville dans un panier, en compagnie d'un chou vert, de quelques oignons et d'un moulin à café ; le tout passablement peint dans un ton gris destiné à harmoniser ces choses disparates.

Un autre, M. P.-A. Morin, celui-ci d'Harfleur, a peint un portrait d'une jeune femme en deuil dont nous n'avons rien à dire.

M. Achille Oudinot s'est entièrement laissé absorber par l'imitation de M. Corot dans *le Soir au bord de la Seine*. La rivière, qui coule oblique, reflète le ciel rosé, où la lune amincit son croissant. Le soleil vient de disparaître au fond, derrière la berge, qu'un seul arbre et l'angle de quelques toits de chaume accidentent seuls.

Un coin de prairie s'étend au premier plan, en avant d'un massif de saules. Une femme s'y tient debout, regardant instinctivement ce ciel si limpide, qu'on semble, en ces heures de calme, vivre dans un éther plus pur et se rapprocher de la divine intelligence.

Il y a plus d'individualité dans *les Bords de la Seine à Andrezy*, qui coule calme et morne au pied de hautes berges que surplombent les saules et les peupliers, sous un ciel plombé.

Le *Job apprenant sa ruine*, de M. Palix, est un tableau d'école sagement composé, suffisamment dessiné, et d'une coloration discrète. Le saint vieillard s'est agenouillé sur ses vêtements qu'il vient d'arracher, et glorifie le nom de Dieu. Un de ses bergers le contemple. Quelques motifs d'architecture primitive qui cachent d'autres serviteurs, un fond indécis de paysage où brille un incendie, complètent cette composition, où nous louerons le modelé du corps de Job.

Le portrait de Mme Galli-Marié, dans le rôle du page de *Lara*, ne rend point la sombre expression de l'actrice, lorsque, la mandoline en main, elle dit le chant qui la trahit. La ressemblance matérielle est exactement traduite par M. Piot-Normand, mais cela ne suffit point. La ligne des yeux et celle de la bouche manquent cependant de parallélisme, et que font là ces mains mortes sur l'instrument. Ces doigts-là posent et n'agissent point. Puis la couleur est bien froide.

Le portrait de M. R..., par le même, est celui d'un beau jeune homme, fort passablement peint, avec sa barbe bien peignée.

La Vielle du Savoyard et le *Chapeau du Pifferaro* sont jetés à terre par M. H. Quévremont dans le coin du bouge qu'habitent leurs propriétaires à côté de leur futur déjeuner : un triangle de brie pleurant dans un morceau de journal, quelques pommes rouges et un pain.

Le vin est sans doute contenu dans un étroit pichet en faïence noire, tout honteux de ses formes indécises et de ses dimensions exiguës auprès d'une espèce d'amphore antique, façonnée dans le Midi sans doute, et revêtue d'une belle couverte d'émeraude. Celle-là doit contenir l'eau.

Toutes ces choses éclairées en pleine lumière, sur un fond sombre, et d'un ton très franc, quoique harmonieux, forment un agréable régal pour les yeux et dénotent de grands progrès chez M. H. Quévremont.

Tout n'est que contrastes. Ainsi M. Edmond Rhem, né dans une de nos fraîches vallées normandes, que l'industrie elle-même n'a pu enlaidir, s'en va demander des sujets de paysage à ce que le Midi offre de plus aride. L'an dernier, c'était un maigre pâtis du comtat d'Avignon ; cette année, c'est une plage sauvage dans l'île Saint-Honorat. La terre et les eaux se partagent la toile en deux moitiés. La mer bleue est d'un côté, tourmentant de ses flots les roches éboulées d'une berge haute et brune que couronnent quelques pins rabougris et d'un vert sombre. Des montagnes violettes surgissent à l'horizon, sous un ciel bleu. Cette peinture, d'un ton très franc, traduit fidèlement l'aspect de la nature méridionale, mais exagère un peu peut-être l'opacité du feuillage des pins dont les branches, tassées les unes contre les autres par le vent, forment comme un tout solide.

M. T. Ribot ne sent plus souffler en poupe le vent du succès, mais aussi il n'est point permis de plus se méprendre sur sa vocation et d'aller plus résolûment heurter de front la tradition et le bon goût. Le *Saint Sébastien* de l'an dernier, bien qu'il fût d'une nature bien vulgaire, pour ne pas dire plus, n'était après tout qu'un prétexte à académie ; mais que dire du *Christ au milieu des Docteurs* de cette année ? Un grand garçon lymphatique et scrofuleux au milieu d'une réunion de sales chiffonniers, voilà ce qu'il faut nécessairement voir en ce tableau.

Certes j'admirerai très volontiers la facture de ces mains ridées et calleuses, celle de ces pieds rouges armés de grands ongles, dont la cassure interrompt par ses tons opaques l'ourlet de crasse sous-jacent ; mais il me sera impossible de reconnaître des prêtres et des docteurs de la loi juive dans ces faces d'ivrognes, et le Christ dans ce long blondin au front étroit qui s'avance en chemise au milieu d'eux. Que le Christ ait été beau ou laid, peu importe, quoique l'art ne vive que de beauté ; mais il faut qu'il soit intelligent et que l'auréole de la divinité ou du génie brille autour de son front.

Puis la couleur ! des tons violemment éclairés, se heurtant avec du noir absolu. Que sera-t-il de tout cela dans une vingtaine d'années. Mais, avant tout, où la nature nous donne-t-elle ces exemples d'opposition constante de la lumière et de l'ombre opaque ?

M. T. Ribot s'enfonce, à notre avis, dans une fausse voie, et ne fait qu'exagérer chaque jour ses défauts natifs. *Le Flûteur* lui-même manque de l'agrément qu'avaient jadis les fantaisies picaresques qui ont fait connaître son auteur. Ce n'est qu'un grand et laid vagabond habillé à la diable avec des haillons couverts de suie.

Le hasard de l'ordre alphabétique nous arrête maintenant devant un portrait de M. Rivey, de Caen, qui forme le plus singulier contraste avec les toiles enfumées de M. Ribot.

Là, tout est blanc et bleu pâle. A peine oserait-on souffler sur cette frêle image, de crainte de la voir s'évaporer, ce qui ne serait pas un malheur irréparable; à peine oserait-on heurter ces deux bras nus et croisés où s'appuie cette apparence, de peur de les briser comme un verre. — Allons! monsieur Rivey, il n'y a pas que du clair dans la nature; allons! monsieur Ribot, il n'y a pas que du sombre.

M. Julien de la Rochenoire sera-t-il donc condamné sans cesse à se souvenir de quelqu'un lorsqu'il peint, et à n'oublier E. Lacroix que pour songer à Troyon? C'est qu'il est impossible de ne point se rappeler les toiles de ce dernier en présence de celles que M. J. de la Rochenoire nous montre cette année. Certes le tableau intitulé *Vaches sur la Falaise*, où de grands animaux ruminent dans l'herbe d'un vert sombre, posés en pleine lumière frisante qui s'accuse par des ombres vigoureuses, sous un ciel vergeté de nuages sombres, est d'une puissante harmonie et rempli d'air. Mais nous nous souvenons involontairement d'avoir déjà vu ces effets sous le pinceau d'un autre. Nous les trouvons même un peu exagérés dans les *Vaches au Pâturage*, où il y a excès de noir.

M. J. de la Rochenoire est réellement un peintre. Les plus vastes surfaces ne l'effraient point aujourd'hui, et il les remplit sans broncher. Nous n'avons plus qu'un peu d'individualité à lui souhaiter.

M. Paul de Saint-Martin transporte dans le paysage normand un peu de la sérénité des compositions classiques, et nous ne lui en faisons point un reproche.

Les nymphes pourraient presque venir

danser leur ronde avec la troupe des sylvains dans la *Prairie en Normandie*, qui s'enfonce entre deux massifs d'arbres où se profile de loin en loin le pignon d'une chaumière. Un ruisseau traverse les premiers plans entre ses rives escarpées et fleuries, dont l'une s'abaisse et s'échancre en abreuvoir. Une chaumière en colombages garnis de bauge ocrée s'élève à droite, en avant des grands arbres où s'engage un chemin. Le ciel est couvert et la pluie tombe sur les arrière-plans. Mais le soleil, caché par les arbres qui restent dans l'ombre, frappe sur la prairie, modelant les accidents des terrains, éclairant les buissons, faisant briller les fleurettes. Tout cela est rendu dans le mode tempéré et parfois défaillant de M. de Saint-Martin, mais avec un grand charme de couleur douce et ambrée.

Si nous avions un conseil à donner aux peintres, ce serait de ne jamais exposer de scènes de nuit. Il est rare que le vacarme de couleurs que chacun fait en ses tableaux d'exposition pour attirer les regards du public, absolument comme les bateleurs en foire, n'empêche point de goûter comme il le faudrait les mérites discrets des toiles que la lune seule éclaire. Aussi M. Sébron, en s'attachant surtout à faire un paysage dans *le Christ au jardin des Oliviers*, a-t-il eu recours à toute la fantasmagorie que lui permettait le sujet. La lune, le Christ, l'ange et une lanterne, lui sont sources de lumière ; aussi l'effet est-il diffus, si le tableau est relativement clair.

Si c'est une harmonie bleue qui règne en

ce paysage sans accent, où nous ne trouvons à louer que l'effet de lune sur les constructions de Jérusalem, que l'on aperçoit dans le lointain, c'est une harmonie rose qui domine dans les *Colosses d'Aménophis et de Memnon*. On connaît le site. Les deux colosses, que M. Sebron a faits d'une pierre blanche traversée de couches rosées, dressent leur masse au milieu d'une plaine de sable, et c'est tout. Le peintre y a ajouté une tente et quelques Orientaux destinés à donner, par comparaison, leurs vraies proportions aux colosses et à peupler le désert.

Nous avions bien auguré de M. Sevestre, de Breteuil, il y a deux ans. Mais le voici, cette année, qui se montre un disciple attardé de Révoil, en nous habillant *la Maternité* en moyen-âge de pendule. Cette châtelaine en sa chaire à haut dossier en pignon, cette servante penchée sur un berceau, etc., tout ce monde est abandonné depuis plus de quarante ans : pourquoi le faire revivre, puisqu'on sait qu'il est faux, et, qui plus est, ridicule ?

M. Tesnière, du Havre, dont la touche était parfois un peu lourde au milieu de tous les détails dont il s'embarrassait d'ordinaire, a composé un excellent petit tableau avec *la Plage de Lions-sur-Mer, le matin*. Le soleil, caché au milieu d'un amoncellement de gros nuages blancs, éclaire du fond un groupe de maisons qui forment cap sur la plage, et les noie dans une lumineuse pénombre, puis s'épand en avant sur la grève découverte où des voitures viennent chercher le varech échoué parmi les rochers. Si les premiers plans manquent un peu de solidité, l'effet est juste, le ton est très fin, et ce paysage marque un sensible progrès.

Ce sont des fleurs bien pâles que les roses trémières, les pavots et les roses, que M. Trébutien a placés en bouquet à l'entrée d'une grotte, sous un blanc rayon de soleil auquel un tronc d'arbre sert de repoussoir.

Nous ne pouvons attribuer qu'à une excessive indulgence du jury l'admission de la pochade que M. Vauquelin, de Beuzeville (Eure), intitule *Bords de Rivière*, *près Blois*. Des arbres roux et une haie rousse, peints à la diable, sur des terrains à peine indiqués, à côté d'une flaque d'eau plombée, sous un ciel vert estompé de nuages roses, tout cela ne peut, tout au plus, passer que pour une ébauche.

M. Viger-Duvignau s'en tient plus que jamais aux faciles succès que lui donne auprès du public la représentation de la cour du premier Empire. Nous disons Empire, et, nous avons tort. Dans le *Souvenir de la Malmaison*, Napoléon perce à peine sous Bonaparte, et le premier consul fait le galant auprès de Joséphine, accompagnée de ses belles-sœurs et de ses dames d'honneur. Elles sont là une dizaine en grande tenue de bal, vêtues de robes de toutes les couleurs, posant sur les gazons de la Malmaison pour un décameron guindé.

Bonaparte, qu'inspirent le printemps et Eros, dont le temple aux colonnes roses se dresse au milieu de la verdure crue, cueille des roses et les offre à Joséphine, qui les distribue à ses compagnes. Toutes sont jolies, habillées à ravir; car M. Viger-Duvignau connaît mieux que pas un tout le détail de la garde-robe de ces temps-là... mais quelle peinture acide, par Apollon ! et que le dieu qui dore les raisins ferait bien de dorer aussi les figures de cire du peintre d'Argentan.

Figure de cire, nous ne nous en dédisons point, surtout en présence de ce que M. Viger-Duvignau appelle une « tête d'étude » et nomme *Stella*. C'est encore une dame du costume impérial et poudrée. Si la nature et l'étude ont quelque chose à voir là, nous voulons bien proclamer que la *Monna-Lisa* de Léonard de Vinci n'est rien auprès de cette « étoile. »

Il y a un peu plus de réalité dans l'*Etude* de M. Vigot, de Coutances, qui s'est sans doute pris pour modèle. En tous cas, c'est un peintre assis devant son chevalet, les deux mains posées sur les genoux. La lumière, qui arrive de côté, n'éclaire qu'une moitié de la figure et s'accroche sur les mains, laissant tout le reste dans l'ombre; lumière trop sourde peut-être sur le costume qu'elle doit frapper aussi.

C'est encore un effet lumineux qui a surtout préoccupé M. Vigot dans *un Intérieur*. Une vieille femme file à son rouet, tournée vers la profonde fenêtre percée dans le mur. Les flots d'une vive lumière éclairent tout de leurs reflets dans l'ombre rouge. Un jour si franc peut-il donner des ombres si claires? Nous ne le pensons point. Nous louerons cependant M. Vigot de la façon dont il a su répartir et dégrader ses colorations claires sur la fileuse et sur tous les détails du mobilier. Il y a surtout une caisse pleine de bobines en désordre qui est réussie au possible. C'est là peut-être qu'est tout l'intérêt du tableau. On peint pour moins aujourd'hui, et l'on ne saurait en louer notre école moderne. Tant d'efforts tournés vers l'étude de la couleur et du rendu de certaines parties ne seront sans doute point perdus un jour. Mais, en attendant, c'est chose triste que d'assister à l'éparpillement de tant de forces sans direction.

Dessins.

Le jury nous semble avoir montré une grande indulgence en admettant de M. Georges Bellenger, de Rouen, un dessin au crayon noir qui représente un *Troupeau de Bœufs*. Les bêtes, à la marche lente, traversent un village. Si leur allure est vraie, la précision du dessin et la netteté de l'effet nous semblent laisser encore beaucoup à désirer.

M. A. Brunet-Debaines, du Havre, fort expert dans le maniement des couleurs à l'eau, a su remplir de soleil et de gaies clartées les deux aquarelles qu'il expose : *Hêtres* à moitié dépouillés par le vent de mer, ou *Têtards de Saule* feuillus. Ce ne sont encore que des études sans grandes prétentions, mais très habilement traitées.

M. Armand Cassagne se maintient toujours au premier rang des aquarellistes. Sa pratique s'est assagie en devenant plus précise, et ses fonds, qui jadis venaient en avant de leur plan naturel, se creusent aujourd'hui pour laisser toute son importance à ce qui est le vrai objet de la composition.

La Forêt de pins, encore dans l'ombre et à peine éclairée par la lumière blanche du matin, s'enlève en vigueur sur un rideau de bouleaux et de chênes qui se détachent à leur tour en gris bleu sur un ciel gris. Le jour rase le sol et s'accroche en échos lumineux, parmi les bruyères en fleurs, au contour de tout ce qui fait saillie sur le terrain accidenté où les arbres croissent espacés. Ce terrain lumineux et solide tout ensemble est rendu avec un grand bonheur, largement et sans sécheresse dans l'exécution.

L'Intérieur de forêt, le soir, est éclairé à peu près de la même façon. Un grand hêtre étend sur le premier plan ses longs rameaux lisses où se presse un feuillage horizontal. Deux lecteurs lisent Virgile sans doute, couchés *sub tegmine fagi*, tandis que le jour pénètre à travers les troncs de la futaie qui entoure ce vénérable patriarche de la forêt.

Nous avons déjà reproché à M. Couraye du Parc, de Saint-Lô, d'attrister par une lumière grise les fusains, d'ailleurs remarquables, qu'il dessine avec talent. Le genre du fusain se prête cependant aux grands effets lumineux et aux plus légères demi-teintes, et nous pensons qu'avec un peu plus de savoir-faire dans la distribution des lumières et des ombres, M. Couraye du Parc eût donné un bien autre accent aux deux études faites au Mont-Saint-Michel qu'il a exposées.

Les grands escarpements rocheux, dont les déclivités naturelles feraient croire qu'ils ont été couchés par l'effort incessant des tempêtes, et qui, au sommet de leurs glacis irréguliers, où s'accrochent les racines de quelques arbres, portent les puissants contreforts de l'abbaye ; les quartiers de roc éboulés sur la grève, tout cela, certes, est solidement établi et dessiné avec soin. Mais croit-on que l'effet n'eût pas été plus puissant, et que ces sombres masses rocheuses n'eussent pas été plus sombres encore, si moins d'ombres eussent chargé la grève qui s'étend au loin, entrecoupée de flaques blanches que répètent comme un écho les crevasses claires qui laissent voir le ciel à travers les nuages amoncelés.

Le manque de parti-pris est le défaut principal de ce fusain et de celui qui représente une petite chapelle bâtie dès le treizième siècle sur un gros rocher qui surplombe les flots, au milieu d'un éboulis de rocs assis carrément sur la grève. Les flots qui battent ces obstacles, au lieu de s'y briser en une blanche écume formant une vive opposition, y clapotent dans l'ombre et se distinguent à peine des terrains.

En résumé, M. Couraye du Parc sait manier l'ombre, mais il est inhabile encore à en faire jaillir la lumière, et ce défaut nuit considérablement à ses fusains d'ailleurs fort bien traités.

Comme l'an dernier, M. Foulogne s'est distrait de la peinture d'histoire par des aquarelles faites sur nature ; des deux qu'il expose, l'une, qui représente des *Cerisiers en fleurs*, est une étude un peu molle d'un effet fort difficile à traduire. *Le Bain* a demandé un peu plus de composition. Une jeune fille dans l'eau jusqu'à mi-jambes, s'appuyant au tronc d'un saule, et un coin de terrain, en font les frais. Tout cela est fort lumineux et vivement touché.

Le petit Malheureux, de Mme L. Guillou, du Havre, est une étude de jeune mendiant exécutée au crayon noir avec assez de vigueur; malheureusement, le dessin laisse beaucoup à désirer.

L'*Intérieur de Ferme*, de Mlle Lydie Laurent, de Cherbourg, nous montre un pittoresque assemblage de masures basses, que recouvrent des chaumes plaqués de mousses. Aux bâtiments s'appuient des loges à lapins construites en ais disloqués, et des toits à porcs bâtis en bauge et qui laissent transpercer les vaulis que recouvrait la terre, comme la Mort des danses macabres nous montre ses côtes sous la peau qui se déchire. Des échelles boîteuses et un tas d'attirails disloqués accidentent les murs ou les paillis du fumier. Tout cela est bien dessiné, mais manque du ragoût que seule la couleur peut donner à ces choses sans forme. A quoi bon employer le crayon noir pour être gris ?

Une autre artiste de Cherbourg, Mme A. Laval, a fait de *l'Intérieur de l'Eglise du Petit-Andely* une aquarelle fort largement peinte et passablement lumineuse, mais médiocrement dessinée. L'enchevêtrement des arceaux gothiques du chœur et de la charole s'y disloque, et certes la vieille église normande ne tiendrait guère si elle était ainsi construite.

Mlle Elise de Maussion a fait un grand effort, qui du reste lui a réussi, pour traduire sur la porcelaine la *Vierge aux Anges* de Rubens. Certes la peinture de Mlle Maussion, soumise aux mille accidents du feu, ne reproduit point littéralement l'harmonie rose et bleue de cette auréole de petits anges qui enveloppe la vierge des chaudes colorations de ses corps tout nus. Il y a dans la copie des tons violets qui ne sont point dans l'original, où la lumière est rose et l'ombre bleue; il y a aussi une atténuation de ces effets lumineux qui appartiennent à Rubens seul. Mais le dessin est excellent, et l'ensemble est d'un ton soutenu qui rappelle suffisamment l'original.

La Fraction du pain, d'après la peinture mignarde d'Agnese Dolci, était plus facile à copier, rentrant dans les conditions de la peinture lisse et sans ressort que l'on qualifie parfois de peinture sur porcelaine. Aussi les premières difficultés étaient déjà vaincues et Mlle de Maussion n'a guère eu d'efforts à faire pour arriver à une traduction exacte du modèle.

Le portrait exposé par M. Mazier, de l'Aigle, représente en pied une dame vêtue d'une ample robe noire. La figure est modelée au pointillé, avec assez de fermeté, tandis que le costume est largement crayonné et d'une coloration très soutenue qui fait valoir la tête.

M. Ed. Morin, du Havre, l'illustrateur spirituel et fécond de certains journaux illustrés, ayant longtemps vécu en Angleterre, a rapporté de ce pays une foule d'observations très justes, dont de temps en temps il fait part au public parisien. L'aquarelle fort librement touchée qu'il expose, et qu'il intitule: *Au Coin du Pont de Londres*, prend sur le vif un des côtés des mœurs du londonien. Une foule d'omnibus bourrés d'hommes à l'intérieur et chargés de même sur leur impériale débouchent le matin, venus des stations de chemin de fer ou des faubourgs, et apportant en la Cité sa population journalière de commerçants, de banquiers et de commis. Tout ce monde descend pressé et affairé, courant au plus tôt vers son comptoir, portant souvent en main le petit sac noir en cuir verni qui renferme les sandwichs de son luncheon, et décoré parfois à la boutonnière d'une fleur cueillie au cottage, triste exilée dans les bureaux sombres de la brumeuse cité.

Un amateur très sympathique au talent de Mlle Eugénie Morin nous faisait une question assez singulière après avoir vu l'*Italienne*, que notre jeune peintre en miniature a exposée cette année. — Mlle Morin ne veut donc plus faire de portraits? nous disait-il. — Pourquoi donc? répliquai-je. Je vous assure, au contraire, que son plus vif désir est d'en faire sinon trop, du moins beaucoup. — Alors pourquoi, continua-t-il, croisant ses interrogations avec les miennes, expose-t-elle des miniatures aussi peu « bourgeoises » que cette Italienne? Certes, je suis loin de méconnaître tout le talent déployé pour modeler cette tête si caractéristique, pour donner leur expression attristée à ces traits encore pleins qui recouvrent cette solide boîte osseuse; pour réveiller de quelques touches de vie ce teint plombé par les fièvres des maremmes ou des marais Pontins.

Mais cet œil abaissé, cette bouche charnue et crispée par une douleur inconsciente, ce teint de bronze florentin que font paraître plus sombre les blancheurs de la chemise jetée sur cette poitrine amaigrie; croyez-vous que tout cela plaise à nos belles dames, et que, sous la savante recherche de l'expression d'un modèle qui a plu à l'artiste par son caractère maladif, elles puissent discerner l'art consommé qui pourra pétrir de lis et de roses leurs jolies têtes soucieuses d'une seule chose : de paraître belles et bien portantes?

J'aurais pu répondre : « Tant pis pour ces jolies dames, » mais j'avoue que cette façon d'envisager l'exposition d'un peintre de portraits me laissa fort interdit, et qu'après en avoir appelé de l'exposition présente aux expositions passées, où Mlle Eugénie Morin avait montré de charmantes têtes de femmes et de jeunes filles fort saines, je trouvai qu'il y avait du bon dans la remarque et je me promis d'en informer le peintre; c'est ce que je fais ici, avec force compliments sur son *Italienne*, qui, avant tout, est une fort belle étude, et la meilleure miniature qui ait figuré au présent salon.

Les Vaches au Marécage, aquarelle de M. J. de la Rochenoire, nous semblent l'esquisse des *Vaches sur la Falaise*. En tous cas, c'est, avec des couleurs à l'eau, le même effet puissant que l'artiste a obtenu dans les salons d'à-côté avec des couleurs à l'huile.

M. Sebron a représenté, dans une élégante aquarelle, *la Galerie de Tableaux de M. le* comte d'Espagnac, galerie dont la vente a été un des tristes spectacles de cet hiver, tant il y avait de tableaux apocryphes qui s'y présentaient comme des chefs-d'œuvre.

A propos du portrait au pastel de Mme de Lagrange, que M. Sebron avait montré il y a deux ans, nous nous étonnions que ce peintre, surtout habile à peindre des intérieurs, se risquât à exposer des portraits lorsqu'il lui arrivait d'en faire. Notre étonnement d'il y a deux ans subsiste aujourd'hui en présence du portrait de Mlle D...

Le fond, couleur d'acajou clair, a de fâcheux échos sur la figure, qu'il transperce et qui perd ainsi toute consistance par suite de ces similitudes de tons.

Le nez s'implante mal, et les bras, trop faits au tour, sans aucun méplat, portent des mains qu'on croirait par parties tuméfiées par des engelures. Où il fallait, croyons-nous, l'agrément de la touche et le charme de la couleur, afin de fixer surtout l'expression d'une physionomie, M. Sebron s'est lourdement appesanti pour tracer une solennelle image, et il s'est trompé.

M. Viger-Duvignau transporte dans la miniature les acidités de sa peinture à l'huile en même temps que ce goût du joli qui doit obtenir bien des succès parmi les visiteuses. De ses deux portraits, l'un d'une jeune femme, l'autre d'une toute jeune fille, roses et verts tous deux, c'est le second que nous préférons. Les ombres y sont moins vertes et la couleur, un peu plus consistante, fait moins ressembler la tête à un transparent éclairé par derrière.

Mme Wyatte de Vivefoy, de Rouen, termine cette série par une agréable aquarelle, copie d'après *la Jeune Femme lisant*, de M. Carraud.

Sculpture.

M. Carpezat, de Saint-Symphorien (Manche), appartient au groupe des sculpteurs coloristes qui se sont formés à l'école de David (d'Angers,) et qui, s'ils ont donné un peu de vie à notre école, l'ont, par contre, bien souvent dévoyée. De la vie au mouvement, et du mouvement à la contorsion, il y a une gradation sur laquelle se trouvent les limites de la peinture et de la sculpture, limites que la seconde a souvent franchies.

M. Carpezat nous semble de ceux qui se tiennent au-delà plutôt qu'en-deçà de ces limites. Son *Groupe d'Enfants* est un de ces motifs de décoration dans le style bouffi du dix-huitième siècle, qui appartiennent autant à l'industrie qu'à l'art.

Un enfant, monté à califourchon sur un bouc qui se cabre, enlève une fillette qui se laisse faire. Tout cela est peu étudié, tout accidenté de bosses et de fossettes et ne nous semble guère mériter mieux que d'être reproduit en terre cuite ou en zinc pour décorer un vestibule ou un parc.

Que dire d'un buste lorsque son exécution ne dépasse point certaines limites de rendu et se tient dans la moyenne ordinaire ? Il n'y a point là, comme dans la peinture, ces questions de couleur, de clair-obscur et même de modelé et de dessin qu'il y faut nécessairement examiner. La sculpture ne supporte pas l'à peu près.

Il faut que toute chose y soit en sa place et, de plus, y soit exécutée jusqu'à un certain point qui fasse que réellement elle existe. Les deux bustes exposés par M. J. Clément, de Grandcamp (Eure), ne dépassent guère cette moyenne nécessaire ; celui en marbre est d'une bonne exécution, un peu sèche, néanmoins, et celui en plâtre, plus accentué, sera peut-être l'occasion d'un marbre étudié avec conscience.

Les deux bustes en terre cuite que Mme J. Fortin, de Caen, a modelés d'après les deux sœurs, — car, en outre des physionomies, les initiales se ressemblent, — sont grassement touchés. La terre, qui porte encore l'empreinte du pouce, est comme revêtue d'une pulpe épaisse qui rend à merveille l'indécis et le flou des traits de l'enfance.

De Chenedollé est l'auteur du *Génie de l'Homme* et d'autres pièces didactiques comme il était de mode il y a cinquante ans d'en composer à l'imitation de Delille. A en juger par l'image que M. Leharivel-Durocher a sculptée dans le marbre pour reproduire les traits du poëte virois, Chenedollé devait être d'un caractère doux et lymphatique. Tout est un peu fluide dans ce buste, dont les lignes descendent comme une pluie de mai, alors que

Le froment, jeune encor, sans craindre la faucille,
Se couronnait déjà de son épi mobile,
Et prenant dans la plaine un essor plus hardi,
Ondoyait à côté du trèfle reverdi.

M. E. Leroux, d'Ecouché (Orne), appartient à l'école des néo-grecs qui, réalisant en sculpture les rêves dont M. Hamon a fixé sur la toile le fuyant souvenir, ont produit quelques excellentes figures, remarquables par la délicatesse et la grâce naïve.

La Marchande de Violettes est une grande fille peu jolie, et dont le corps encore grêle est recouvert d'une longue robe qui ne laisse voir que des épaules sans plénitudes, et descend en plis serrés et comme fripés le long d'un corps à peine indiqué. Il y a une certaine grâce juvénile dans cette grande figure naturellement posée, qui d'une main retient au tour de la taille les plis d'un manteau où sont amassées les violettes, et de l'autre offre un bouquet des fleurs printanières. La fille est-elle laide, est-elle jolie ? Nous la soupçonnons fort de n'avoir que la beauté du diable, car le bronze, revêtu d'une superbe patine luisante d'un vert antique poli et brillant, ne permet guère à l'œil de saisir les contours du visage.

Architecture.

M. Hédin expose le projet d'une église pour Alençon, qui l'a vu naître. Ce projet, fort sage et habilement exécuté à la plume sur un léger lavis, est celui d'une église à trois nefs, à abside polygonale, avec clocher sur l'entrée. Le style adopté est le roman. M. Hédin a fait partir de très bas la naissance de ses voûtes et des nervures qui les supportent, afin de supprimer les arcs-boutants. En abaissant le point de poussée des voûtes, il remplace l'échafaudage extérieur des églises gothiques par des murettes inclinées qui ne dépassent guère le toit en appentis des bas-côtés.

Le Tombeau de Famille, dont M. E. Morin, de Saint-Pierre-sur-Dives, nous montre les études, appartient au style nouveau et quelque peu bizarre de ceux qui mêlent l'assyrien et le grec.

Ce tombeau se compose d'une petite chapelle aux profils sévères, ornée de feuillages aux lignes sculpturales et à peine dégagés de la pierre, ce que nous sommes loin de blâmer.

Gravure.

M. G.-N. Bertinot, de Louviers, est l'un des derniers représentants parmi nous de cet art de la gravure au burin que la lithographie et la photographie ont tué.

Peut-être la gravure pourrait-elle, sinon lutter, du moins vivre encore, si elle se faisait alerte comme jadis, au temps où les burinistes des dix-septième et dix-huitième siècles gravaient en un mois une planche qui était un chef-d'œuvre, malgré l'aisance et la liberté des travaux. Lorsque l'estampe voyait le jour, la mémoire était encore fraîche du tableau qu'elle reproduisait. Aujourd'hui, M. Henriquel excepté, nos graveurs au burin creusent péniblement leur planche pendant de longues années; aussi les tableaux modernes, chefs-d'œuvre à courte échéance, dont ils veulent populariser le souvenir, sont-ils oubliés déjà lorsque leur estampe se fait connaître.

M. Bertinot, grand prix de Rome, dont l'envoi dénota au salon de 1857 un coloriste puissant en même temps qu'un dessinateur précis, enrôlé dès-lors parmi les graveurs de la maison Goupil et C°, n'eut guère à traduire que les peintures tempérées de MM. Bouguereau et Jalabert.

Cependant la chalcographie du Louvre, séduite par l'estampe du *Portrait de Clément IX*, d'après Velasquez, que M. Berthinot avait rapportée d'Italie, lui avait confié l'achèvement ou plutôt la reprise en sous-œuvre de la planche de *l'Hérodiade*, d'après B. Luini, que la mort avait empêché M. Dien de terminer. Pour l'en récompenser, le ministère des beaux-arts lui a confié l'exécution de *la Vierge aux Donateurs*, d'après le magnifique tableau de Van Dyck, du musée du Louvre. C'est cette estampe que M. Bertinot expose cette année, et qui reviendra, nous l'espérons, à la chalcographie du Louvre.

Nous sommes tellement habitués aux tailles larges et faciles que les graveurs flamands du dix-septième siècle exécutaient sous la direction de Rubens, pour reproduire à peu de frais sa couleur si lumineuse et si gaie, que les tailles serrées et les travaux nombreux de M. Bertinot nous étonnent un peu quand il s'agit de la traduction de l'œuvre de l'un des disciples du peintre d'Anvers.

Ce brillant de la couleur que Van Dyck lui-même a si bien exprimé dans ses admirables eaux-fortes s'éteint un peu à être ainsi rendu. Nous ne pouvons, néanmoins, méconnaître que l'estampe de M. Bertinot ne traduise, dans une certaine mesure, la puissance du coloris et la vaillance du pinceau de Van Dyck. Le corps de l'enfant Jésus, surtout, est rendu avec une certaine largeur et un certain moelleux qui sont absents de la tête de la Vierge ; mais le meilleur morceau de toute la planche nous semble être la tête de la donatrice, agenouillée derrière son mari dont l'enfant caresse la joue. Il y a là un accent de vérité et de vie que le peintre a voulu opposer à la nature plus éthérée des personnes divines, et que M. Bertinot a fort bien compris.

En résumé, l'estampe de *la Vierge aux Donateurs* est une éclatante protestation de notre traditionnelle école de gravure contre l'abandon que l'on fait des œuvres du burin pour les à peu près que la photographie nous donne. A peu près, en effet, car s'ils reproduisent exactement le détail, ils donnent rarement la forme générale et jamais ne traduisent la valeur relative ni des tons divers ni des couleurs. Mais cela est fait mécaniquement, et nous avons un si grand respect pour la mécanique au dix-neuvième siècle, que nous nous persuadons que cela est exact.

M. Brunet-Debaines, dont nous avons déjà apprécié les aquarelles, a gravé à l'eau forte un coin des *Ruines de Tancarville*, d'une pointe un peu trop libre, bien qu'elle se soit asservie à suivre la manière lâchée de M. Corot. Les arbres du premier plan surtout sont d'une légèreté et d'un ton blond qui, pour être agréables, n'en rappellent pas moins le maître.

C'est un travail plus serré que nous montre M. A. Delauney, de Gouville (Manche), dans ses deux copies à l'eau-forte de tableaux de Van Huysum. Cela manque un peu de lumière, peut-être, et de parti-pris; tout est un peu confus en ces estampes qui nous montrent d'un côté des roses et des pavots dans un vase, de l'autre des pêches et des raisins. Il est possible qu'une partie de la faute doive incomber à l'original; mais alors pourquoi suivre un guide qui vous égare?

Les deux gravures sur bois de M. Sargent, d'Eu, sont plutôt d'un coloriste que d'un dessinateur. Dans le portrait de la reine Hortense, dessiné sur bois par M. K. Girardet, le satin de la robe est surtout remarquable, tandis que les bras et même certaines parties de la tête sont durement indiqués.

Dans *le Paysage* dessiné par M. Riou, et représentant une cascade qui descend sur des blocs de rochers d'un plateau que recouvre une forêt, la forêt tout entière, dans la demi-teinte, est d'un ton charmant.

M. H. Valentin, d'Yvetot, est chargé de reproduire à l'eau-forte les compositions nombreuses que M. Magaud exécute pour un cercle religieux de Marseille. Les peintures sont parfois médiocres, et les eaux-fortes ne les améliorent pas. Le dessin surtout y laisse souvent à désirer.

Lithographie.

Chargé de reproduire par la lithographie un tableau médiocre, que M. V. Loutrel pouvait-il faire? Crayonner sur la pierre une estampe passable, d'une exécution molle et sans accent, mais qui montrât quelques d'éclat dans ses bonnes épreuves. Telle est la *Manon Lescaut*, d'après M. Ch. Hue.

M. F. Legrip a envoyé des fac-similés sur pierre de portraits inédits d'artistes, pour la publication de M. le marquis de Chennevières.

—

Nous avions prévu, en commençant cette revue, qu'aucune œuvre hors ligne n'arrêterait notre attention. L'étude de ce dont nous avions à parler n'a point fait mentir nos prévisions. Il y a certes des progrès à constater chez MM. Daliphard, Fréret, Hauguet, Quévremont et G. de la Rochenoire. Mais ces œuvres que nous distinguons ne peuvent servir à caractériser une exposition, même dans le cadre restreint où nous nous sommes placés ici.

Il faut espérer que cette année n'est donc à peu près stérile que par suite du recueillement des artistes qui se préparent à la lutte de l'an prochain.

ROUEN. — IMP. DE D. BRIÈRE ET FILS.